AF617522

Margarita Torres

Pensamientos al amanecer

Primera edición: enero, 2024

Título original: Pensamientos al amanecer
Autora: Margarita Torres
Ilustración cubierta: Margarita Torres

Edición: Andrés Cárdenas

ISBN: 978-84-128037-4-7
DL PM 00092-2024

Rapitbook Editorial
www.rapitbook.com

Impresión y encuadernación: Impresrapit
www.impresrapit.com

Impreso en España - *Printed in Spain*

Mi satisfacción queda huérfana de no verse abrazada por los agradecimientos que merece el interés y felicitaciones con los que me han adulado mis lectores sin olvidar el entusiasmo y capacidad de mis hijos y nietas ayudados por la ilusión y cariño que profesan a esta escritora que a su edad no ha perdido la inspiración.

Mallorca, 2023

SIGUE LA TRAMA

Fuiste del ayer
¿Serás del mañana?
Vive cada día
como te dicte el alma
no dejes al anochecer
la conciencia mancillada

Pide al amanecer
posibilidades que ayer
echaste en falta

Sigue…sigue la trama
de la vida sin porqué
solo tú has de aprender
a valorar las distancias
si un día tras otro alcanzas
los valores de tu ser

HUECOS DE HIERBA

Luz de tu mirada
ofreciendo al alba
la vieja pradera
donde fuiste mía

Lindas florecillas
retando a la hierba
al hueco exudado
de ardientes caderas.

Cuando fuiste mía
corrió el manantial
de jugos templados
por tu piel morena
bañando la herida
en la sed del agua
preñando la alberca
nuestra desnudez furtiva

SIN SENTIDOS

Siento
aunque no siento nada
que la indecisión
me atrapa

Pienso, aunque no piense nada

Escucho mudas palabras
dando voz a la
Esperanza

EL LABRADOR

Tierra que en la savia llevas
el sudor de mis esfuerzos
en tu vientre, mis anhelos
con tu flor mi libertad
atrapada a mis deseos
al desafío del cielo
a ese fruto sin piedad
que en tus entrañas se llena
con luna de mis desvelos
y sol de mi despertar.

Sin tu cosecha querrán
emigrar mis sentimientos
tendré asfalto por estiércol…
¡No permitas que mi cuerpo
sea pasto de ciudad!

SOLITARIAS DUNAS

Solitarias dunas
vientres de arena
preñados de sol
de gélida luna
tálamos del fuego,
remanso de estrellas
retozos del viento

Los ritmos del tiempo
la magia despierta
perfilan con danzas
su imagen inquieta

Delirios de calma,
placer de tormentas
ecos del silencio…
oasis del alma

BURKA

Dios creó a la mujer
desnuda sin tapujos
en su sexo el buen conducto
hacia una siembra del fruto
con la semilla esencial
del hombre para procrear

Desde que el mundo es mundo
de sus entrañas nacieron
los millones de motivos
que ensalzan su capacidad

La religión es el arma
tradición y poder disparan
sus rostros enmascarados
cárcel de su libertad
obligando a desmerecer
su dignidad por la causa

Humanos conceptos del ser
recurren para desnudar

Sus miedos por ser
Mujer

DESDE LA PREHISTORIA

Aquellos tiempos remotos
en las cuevas se inició
en esa pintura rupestre
plasmándola con sus manos
los dibujos aniñados
a la Prehistoria pertenecen

Sin estudios se merecen
darles valor como un cuadro

La inspiración, el ingenio
son virtudes del pintor
la capacidad no se aprende
entre otros las plasmó Velázquez,
Dalí, Picasso, Miguel Ángel
dándoles a los retratos
eternidad a sus linajes

Son de la Historia portentos,
de nuestra mirada placer
hoy les quiero complacer
dedicándoles mis versos

LA MONTAÑA

¿Qué pensará la montaña
en su anclada permanencia
tatuando su linaje
las huellas del abordaje
a su cumbre inmaculada?

¿Qué tiene su aparente calma
dejando muchos sus almas
en esa falda envolvente?

Prudentes con más pericia
con los refugios comparten
esos tramos e inclemencias
de una inseguridad activa

Dan a la confianza el temple
hacia esa cima imponente,
con la conquista se abrazan
esos temblores con lágrimas
placer de conquistadores
brindan al mundo su hazaña

TRAZOS DEL SINO

Salta el corazón del lecho
donde los sueños dormidos
abrazados al sentido
despiertan la realidad

Salta el corazón del lecho
con el pálpito perdido
en el hecho incomprendido
fiel amigo del azar

Viste de amanecer el rocío
con el dolor aprendido
de su ingrata claridad
como el corazón sumiso
al hueco del lecho herido
mordiendo su libertad

Salta el corazón del lecho
brindando su dignidad
al desprecio inmerecido
trazando en sinos y olvidos
un lugar para soñar

ESPEJO DE MAR

Miro al espejo
y mi mirada aprendida
evoca los tiempos
donde la pupila audaz
recopiló de sus aguas
su belleza, sus secretos

Ese espejo de mar
buceando los recuerdos
vive el balanceo
de su piel salada
dejando al sol indiscreto
penetrar con su fulgor
los designios de su calma

Zarpa el pensamiento
trenzando sus olas
con los sentimientos
vistiendo de espuma
la brisa desnuda
conquistando al viento
al espejo su aventura
placeres huracanados
sin saberse vigilados
por mi mirada oculta

LA EDUCACIÓN

Admiremos de la antigüedad
su manera de expresar
un lenguaje presidido
por el respeto aprendido
sus maneras de escuchar

Con la venia, su permiso
la gratitud, los principios
hoy la juventud no hereda
de sus ancestros la talla
con el verbo hacen su nido
de entrelazada comparsa

¿Es la educación la trampa
que a muchos se nos escapa
siendo de ellos el motivo
para utilizar sus armas?
Su futuro entredicho
los dejará en la estacada

DORMIDA SINCERIDAD

Duerme la sinceridad
con los sueños del engaño
llevándolo al despertar
entre bambalinas
el guion bien ensayado

Con la verdad coartada
la desfachatez le guía
hacia esas tablas prendidas
la base de su teatro

En la representación procaz
duerme la sinceridad
su virtud comprometida
sueña del protagonista
en su versión dignidad
despertando la verdad
siendo su particular
modo de representar
con despecho la mentira

SEPARACIÓN

Difícil imaginar
ver la felicidad
con proyectos y placeres
ardiendo entre paredes
desmantelando su hogar

Dan los fueros y esos humos
rienda suelta a su presente
llevándolo a otro lugar
olvidando los recuerdos
al juramento que hicieron
de aquel amor al altar
dando al madurado adiós
la llama de la libertad

Los fuegos de su pasión
fueron quemando constancias
hoy mangueras de la calma
ahogan esos rescoldos
calmando su sed
la distancia

TRASPLANTE

Surge veloz la esperanza
en el último suspiro
con un gélido destino
buscando el dolor que clama

Son auspicios del mañana
entrañas del altruismo
hacia unos huecos prendidos
al fleco de la añoranza

Esencias enmascaradas
fruto del favor urdido
dándole principio a un fin
al albergue que esperaba
azares compartiendo trama

Dos vivencias, un destino
abrazados al latido
dando sentido a la causa

MOTIVO

Es del amanecer su brisa
desnudando mis sentidos
es su belleza sumisa
deslizándose entre guiños
a un despertar entre linos
a otro sueño con certezas

Es su luz rompiendo el día
silencios medio dormidos
qué grandiosidad atrevida
deslumbrando mi pereza
iluminando el camino
entre alfombras que me brindan
descalzo alcanzar sin tino
el esplendor de su fuerza
el saber que hay un motivo

EL ESPEJO

Cada día, cada tiempo
sigo dándole al espejo
los secretos más guardados
sonrisas y devaneos
su reflejo a mis encantos

Sabe decirme qué siento
viendo signos en mi aspecto
escucha mis sufrimientos

Desnuda le ofrezco el cuerpo
respondiendo con el vaho
las estrías que ha dejado
la madurez de los años

No lo entiendo…
¿Por qué cohibida me siento
ante un simple
cristal chivato?

TIEMPO ESCONDIDO

Miradas ausentes
esperando el llanto
que el recién parido
ofrece doliente
al recuerdo estanco
sumiso al olvido

Primer presente
ahogando suspiros
su efímero manto
refugio inconsciente
del verbo dormido
libado de fastos

Prevalecen testigos
del vientre preñado
los pechos henchidos
amamantando
el voraz instinto
meciendo el regazo
un tiempo escondido
jamás recordado

PESCADORES

Son del esfuerzo reclamo
saciando con desventuras
esos placeres pescados
de anzuelos enmascarando
los mares de su tortura

De paciencia son los amos
surcando la noche, esclavos
remando barcos de espuma
con los vaivenes, la bruma
dando experiencia al engaño
astucia para llevar
los bancos a su lugar
dando a la red su salario,
al destino, escapularios
a rumbo su voluntad

LA CONCIENCIA

Dadme la razón
porque no escucháis
vuestra conciencia
cuando con ella tendréis
la facultad de encontrar
el corazón de los demás
perdido por conveniencias

Sed de los demás la cuna
meciendo sus diferencias
las virtudes no se estudian
solo escucha la palabra
los que de ella se evaden

Hay que enseñarles el alma,
rescatarlos de la bruma
que ciega sus facultades

¿QUÉ PUEDO HACER?

¿Qué puedo preguntar
con tantos años vividos?
¿Qué fue lo que ignoré
al pretender envolver
con mensajes de papel
las vivencias del destino?

¿Qué puedo hacer?
Libre, la insensatez
con los valores preñados
del macabro acontecer

No es de mi pluma placer
desentrañar lo nefasto
cargada de parabién
sueña con lo que se fue
que el despertar ha logrado

ESTAMOS PERDIDOS

Hermosas las maravillas
contempladas del ayer
en el presente dormidas
soñando quizá que un día
puedan volver a ser
la naturaleza esquiva
del sarcoma del poder,
el rechazo a mantener
su libertad escondida
en esa polución prendida
al despiadado vaivén

¿Cómo responderá el vergel
a esa infranqueable orgía
conveniencias y desidias
si no hay otro amanecer?

ÁRBOLES

Colmados de tiempo y sol
lunas y vientos de lluvia
cuantos árboles perduran
dando al tronco el equilibrio,
las raíces andadura
en su suelo despertando
sus complacencias ocultas
de su fruto compromiso
a la realidad prendida
del esfuerzo su destino

Las mañanas el rocío
viste de perlas sus hojas
son de lágrimas celosas
viendo ramas abrazadas
al sol bebiéndose su cariño

LA FE

Damos crédito a Dios
sin haberlo conocido,
le pedimos el perdón
si en los quehaceres pecamos

Rezamos aun siendo profanos
por si acaso su existencia
nos puede dar lo esperado

La imaginación urdida
por los poderes cristianos
no dejan de ser los brazos
de la fe constituida

Son verdades o mentiras,
pero ignorando al rechazo
con la fe puede llevarnos
a esa probabilidad escondida

ABUELOS

Los grandes protagonistas
donde el tiempo fue sembrando
los retos, su sabiduría
llevándolos a buen puerto

Esas canas atrevidas
presumiendo del esfuerzo
demostrando que hoy en día
la eficacia es un proceso,
abnegación, osadía,
desinterés, el consejo
nos conceden ver la vida
en los afanes, perdida
prendida a ese amor sincero

INSPIRACIÓN

Me inspira del mar sus aguas
con cada día en la noche
las escucho, me deleitan
de su tranquilidad belleza
sus colores, la armonía
en sus fueros esa codicia
por abrazarse a la playa

No se me olvidan sus olas
arrullando la envestida
buscando su cielo azul
con el tiempo profecías

Hoy se visten de alegría
cayendo su espuma blanca
por mis requiebros
dormida

VIENTOS HURACANADOS

Gritan vientos desbordados
añorando las distancias
con su poder se destapan
desventuras arropadas,
los sueños encarrilando
aparejos, añoranzas
los recuerdos encontrados
en los baúles sellados
viviendo en la actualidad el drama
que vientos huracanados
llevándose del muerto el alma
del que vive su desprecio
dando al otro día la calma

LA AMISTAD

La amistad es un encuentro
lo casual, el factor
convergiendo en la opción
de un tiempo determinado

Mimando la sinceridad
ese afecto controlado
por respeto acostumbrado
donde el tiempo da su firma
a la pródiga misión
de confianza exclusiva
del concepto en su valor

Dos almas en un abrazo
por esa amistad divina
de la casualidad nacida
manteniéndola sus lazos

LOS HIJOS

Como madre
no puedo cualificar
los defectos y virtudes
que nacen en nuestros hijos

Son de nuestro vientre ungidos
dando al amor ese giro
dominado por la entrega

Esa paciencia secreta
dando a las nuevas propuestas
el orgullo sin palabras

Con su actitud compensada
por los reveses del mimo
dejando los entresijos
den a su temple prodigio
a sus valores, templanza

CARAS TAPADAS

Primera imagen al nacer
la carita abrazada
al primer llanto

El tiempo marca los rasgos
dando a la faz el placer
de contemplar la sonrisa,
la mirada, la expresión,
reflejando el interior
siendo del beso el amor
del aliento el corazón
del dolor o del placer
la mejor presentación

La vida nos la ha tapado
un tiempo para comprender
otros valores guardados

OPORTUNIDAD

Vivir la oportunidad
es la suerte inalcanzable
donde el entendimiento abre
la consciencia adormecida
esa voluntad perdida
con los perjuicios en ciernes

La realidad adyacente
hacia el esfuerzo se inclina
se aprovecha o se pervierte

Es la oportunidad acicate
del proyecto a la solvencia
estimulando la siega
de ese porvenir sin fraudes

SOMOS LIBROS

¿Qué es la vida
un nacer, un despertar,
recuerdos para olvidar?

Entre olvido y olvido
otro amanecer
con rutina establecida
trillando surcos
en los sueños dormidos
con la brega en el azar

Somos libros manejados
con el tiempo encorsetado
inspirado en el engaño,
prólogos por calificar,
epílogos buscando pactos,
autógrafos sin dedicar

BITÁCORA

Hoy 23 de marzo del 2021
milla 48
Elevamos ancla rumbo a
la libertad, no sin antes
celebrar nuestra proeza
buceando en los placeres
que nos ofrece este
maravilloso mar, donde
la fuerza de sus aguas
eleva nuestro espíritu
confiando en que nuestra
travesía pueda alcanzar
con éxito el puerto de
nuestros deseos

Firmado,
El Capitán

TESTIGO DEL DOLOR

Llega sin avisar la tormenta
de una cruda realidad
temible rayo sin tiento
manifestando en lo cierto
su temible oscuridad

El luto o enfermedad
abren surcos al aliento
sembrando el dolor impuesto
con siega de incapacidad

Llega sin avisar la tormenta
dando al testigo valor
del disimulo el favor
sobre un lecho
sin respuestas

LA SOLEDAD

Comparte mi soledad
otro viejo atardecer
al horizonte abrazados
temerosos de perder
los vestigios del ayer
en el presente atrapados

Qué estéril al renacer
el vientre de la vejez
por el fruto abandonado

¿Dónde podría guardar
el tesoro más preciado
un tiempo para olvidar
quien me dio la soledad
a cambio de mi pasado?

NUESTROS MAYORES

No creeros todo aquello
que proviene del farsante
llevándonos al instante
confiar en sus enredos
matices con los que perdemos
esta astucia relevante

Los mayores a su alcance
con su inocencia se abren
al propósito del arte
dando a la ambición de hecho
a los que engañan su parte
nuestros mayores maltrechos

MUERO POR TI

¿Dónde están los sueños
clavados en la añoranza?
¿Dónde fueron los recuerdos
llevados por la esperanza?
¿Dónde me lleva el olvido
desnudando mi consciencia?

Sin tenerte soy mendigo
rebuscándote en la ausencia
estoy muerto estando vivo
viviéndote hasta que muera

MINERO

Salta el corazón de piedra
entre la luz fugaz
de una testa coronada
imagen tatuada
con furias de barrena
donde la materia ciega
capta la satisfacción mordaz
mostrando su apreciada ausencia

Fronteras de la adversidad
en las recónditas sombras
trance que al minero adorna
con cieno su dignidad

DESPRECIADA MADRE

Su vientre le dio la vida
sus brazos acunaron llantos
entre sus pechos dormidos
sensaciones que se olvidan

Desafectos, despedidas
obligaciones vencidas

Cuando sus ojos cerraron
los besos entrelazados
actitud desconocida

Hoy despiertan su pasado

LIBRES

Busquemos en la paciencia
el cenit concebido
dando al sentido
abortos al escrutinio
preñado de incapacidad

Dejemos que la libertad
imponga su raciocinio

LIBRO

Sagrario donde el escritor
guarda la inspiración
dando espíritu a la letra
abrazada a la destreza
a esa pluma, con tesón

Se pierde su imaginación
en las recónditas sombras
con los sentidos alumbra
dando vida a la expresión
al relato, su versión

Culminada la aventura
mece entre manos desnudas
la sensibilidad del lector

MACABROS ASPECTOS

Pasa el tiempo
entre nuevos aspectos
que le ofrece la vida

Nefastos proyectos
prendidos al sujeto
imploran al alma
en su incierto retorno
la sensibilidad perdida

Pasa el tiempo
llevándose los momentos
que al pasado rindieron
con la estabilidad
su dicha

GUERRAS ACOSTUMBRADAS

Desde tiempos conocidos
guerras acostumbradas
son el factor consentido
que la conquista amenaza

No hay un lugar en el mundo
dándole al contrario alivio
con los propósitos campa
desenvainando las armas

Esa lid en los abismos
de los tiempos heredada
dando órdenes al miedo
vistiéndolo de esperanza

Habituados gatillos
acompañando a las almas
de tránsitos desprovistos
de sus vidas por la causa

ESCUCHAD

Dejad de contestar
palabras necias
sin pretender copiar
ademanes inmundos

Nacéis con la ausencia
crecéis para escuchar
con la cautela insumisa
del raciocinio sin rumbo

Vivid pretensiones alertas
hacia el favor que os deja
abastecer con nobleza
los beneficios ocultos

COMPROMISOS

Despiertan las sombras
al amanecer
sus destellos dormidos
adheridos a la escarcha

Dándole al mar albedrío
al cielo, prioridad
a la tierra, las ventajas

Conmovedora experiencia
desprovista de prestigio
sin descartar compromisos
las encorvadas espaldas

AMOR QUE SE FUE

Viven los sueños la noche
despertando realidades
con el tañer de los ecos
que del sentimiento nacen

En las sombras se complacen
urdiendo el dolor que yace
entre el fervor anhelado
ese calor aun templado
por el amor que se fue
con otra yesca avivado

GUADAÑA DEL TIEMPO

Guadaña del tiempo
en su curva los momentos
son de la cuchilla el fin
segándoles su porvenir

Ese hipotético acero
guiándonos o exterminándonos
en el futuro su ardid
esa giba ha de morir
entre tierra sin legado

NUESTRO AMOR

Veo el mar
buceando mis sentidos
escucho sus devaneos
con la brisa en su regazo
de espuma blanca firmando
el lecho de sus delirios

Veo el mar
entre sus olas meciendo
el amor que estoy sintiendo
siendo mar entre tus brazos
añorando ser vivido

TATUAJE

Tatuajes de la vida
grabando en nuestro linaje
los espacios sin destino
donde el desprovisto juicio
hace del libre albedrío
el dibujo a los desmanes
y las heridas sin tino

Van marcando nuestro sino
con valores tatuados
calcos del libertinaje

RETABLO DEL TIEMPO

Dejo la memoria
sobre el retablo del tiempo
que fue ataviando el encuentro
con retazos de mi historia

Clamo con cien mil plegarias
eventos que se perdieron
si comulga el pensamiento
los recuerdos cobran forma
sobre el retablo del tiempo

2020

Un año para olvidar
tiempo para transformar
las costumbres adquiridas
encontrar esa guarida
revestida de esperanzas
enterrar las añoranzas
en la pandemia escondidas

CAMINANDO

Caminos arados
caminando
sembrando vida

Caminos
caminando
deshojando tiempo
mimando flor
tejiendo espinas

Caminos
caminando
crepúsculo sellado
versando al favor
talando engaños
curtiendo heridas

PRIMER AMOR

Amor oculto
inmaculado fervor
ignorante la pasión
reclamo de un corazón
sin rumbo

SIN TI

Son mis besos de almohada
pensando en ti
lágrimas del pensamiento
sin querer salir
un quizá del sueño gritando
vuelve a mí

Te espero y seguiré esperando
abrazado a ti
Te amo y te seguiré amando
viviendo sin ti

MOMENTOS

Evoca
en tu vetusto destino
los momentos prestados
creyéndolos olvidados
del tiempo fueron cautivos
de añoranzas, liberados

La vida, sabio testigo
de un pasado con motivos
un presente aventurado

EL AMOR

Divino amor soñándolo
teniéndolo, quita el sentido
abandonado es conciso
su retorno establecido

El amor como el milagro
del misterio son prodigios

LIBERTAD

Marchando va la libertad
sus derechos pregonando
con los panfletos gritando
merecida voluntad

En la mochila se guardan
los valores añadidos
el recato establecido
si en la libertad se escapan

ESENCIA

Tengo el corazón clavado
en los corchos de la espera
lágrimas de ilusión regando
las flores de mi balcón
festejando tu llegada
dando esencia a nuestra unión

LOS SUEÑOS

Fueron los sueños
perdiendo su embrujo
trazos del pensamiento
vaivén de los sentimientos
cautivos de la ilusión
Ciegos al despertar por el vetusto
poder de la razón

ENGAÑADA

Si me amaras como ayer
como hoy te sigo amando
jamás podría temer
que a otra puedas envolver
con nuestro amor tu engaño

INFIEL

Dime mi amor
si escucha tu corazón
mis latidos,
si de una extraña
es sabido
que engendramos
con pasión
al que espero
con tu olvido

ARREBOL

Deja que mis
pensamientos
te visiten
cuando ya no esté,
como el arrebol
del crepúsculo
en el filo
del silencio
estrellado

HOY

Hoy despierta el alba
desperezando sus bríos
zarandeando los sueños
entre sus brazos dormidos

Hoy me regala el viento
salpicado de rocío
el soplo de la mañana,
las sensaciones se abrazan
con el placer de estar vivo

JUEGOS DE AMOR

Hoy despiertan los flirteos
empolvando mis mejillas
al recordar las pericias
conquistando nuestros juegos
dando sus alas al tiempo
a la madurez las bridas
engarces del primer amor
con despertares expertos

REFLEXIÓN O COLETILLA

Lo más grande que hay
es saber interpretar
la lectura del corazón

MADRE MAR

Soy tu horizonte de mar
centinela de tu barca
de los vientos, el timón
en la tempestad la calma

Soy vigía en la distancia
admirando tu valor
tripulando la constancia

Soy tu horizonte de paz,
donde cielo y mar se abrazan
alertando su esplendor
meciendo rayos de sol
con destellos oro y plata

Pongo rumbo a tu favor,
por si quieres fondear
en mis cristalinas aguas

PREGUNTAS

¿Aciaga realidad o retorno soñado?
dando el último latido
a los designios del sino
por la espera amortajado

¿Dónde están? ¿Qué se han llevado
los pensamientos vividos
talismán de los sentidos
de la fosa liberados?

¿Vuelven al dueño inhumado
despojando a un ser marchito
de sus legados principios
a un final que ha despertado?

¿Estarán entrelazados
los realismos adquiridos
e imaginados vestigios
de un volver no desvelado?

¿En la realidad vivimos
o en ese sueño morimos
eternamente ignorados?

CAYUCO

Migran hacia otro lugar
herida su libertad
buscando en el desengaño
una vida sin presagios
un colchón donde sus fuerzas
sueñen con las condolencias
de la muerte acompañados

Migran de su patria esquiva
buscando la vida
en los cayucos sembrados
del valor esperanzado
el recuerdo en la porfía
dándole al mar su pasado
al talante su regalo
mordiendo arena vestida
de conformismo obligado
optando por ser formados
como personas queridas
de ese amanecer sin guía
de un crepúsculo soñado

OTRO AMOR

¡Oh mi amor!
que estás presente
en mis latidos ausentes
buscando tu corazón

Me robaste los sentidos
perdidos en otro amor
vivo sin querer vivir
recordando nuestro idilio
sirviéndote de incentivo
pactando con el adiós

Vive tu nuevo presente
buscando lo diferente
sin olvidar que fui yo
quien tu inocencia mancilló
hoy de tu olvido latente

CARAS TAPADAS

Primera imagen al nacer
la carita abrazada
al primer llanto.
El tiempo marca los rasgos
dando a la faz el placer
de contemplar la sonrisa,
la mirada, la expresión
reflejando el interior
siendo del beso el amor,
del aliento el corazón,
del dolor o del placer
la mejor presentación.

La vida nos la ha tapado
un tiempo para comprender
otros valores guardados

EMIGRAN

Vienen con sus miedos
de su lugar habitado
animales acompañados
del desamparo y el hambre
dejando en el aposento humano
con sus zarpas desengaño
de sus bramidos con las cobardes
protestas como emigrados
de su hábitat acostumbrados

Del interés capsulados
llevando sus ademanes
a otra arboleda sin tiempo
apaciguando el momento
que la civilización comparte

¿VIVIREMOS MAÑANA?

Si el corazón palpita
tendremos mañana,
una incógnita descrita
por esa muerte ignorada

Vivimos con la fecha anclada
amortizando la cripta
de una vecindad sin alma
donde los sueños sin vida
cubren la materia usada
con la imagen maquillada

Ese badajo en su día
hizo tañer al nacer
esperanza

EL TIEMPO

¿Qué nos dice el tiempo?
Nada, va o queda en el letargo
conviviendo con su ausencia
momentos, etapas, retrasos

Cede espacio a los recuerdos
pasados o venideros
cumpliendo sus añoranzas
hace cortas las distancias

Complaciente, distraído
inestable, atrevido
abre cielos de tormentas
con la tierra se recrea
en los poderes creados
sus placeres y arrebatos
que otorgan la naturaleza

Da su nombre a la impotencia
por la muerte, procreado
el Tiempo que así se llama
da al que fallece guadaña
a nuestra existencia
sus cambios

¿VIVIMOS?

¿Nos damos cuenta
qué es vivir?
Metidos en una burbuja
doliente, insegura
sin poder salir

Afanados en la siembra
del quehacer, en busca
de ese aliento hostil
donde el poder computa
si el esfuerzo es penumbra
con su ansiado devenir

¿Nos damos cuenta
qué es vivir?

Viendo el amanecer
a oscuras
el crepúsculo en la cuna
de esos vástagos sin culpa
soñando su porvenir

EL CAMPO

Ya renacerán los frutos
del esfuerzo compensados
dándole al hortelano
su merecido festín

Esos rebaños de asfalto
ignorantes del estrago
brindando por su vivir
sin reconocer del campo
esos desvelos al tiempo
esas mermas del talego
al mercado pondrán fin

Renacerán los frutos
siendo prudente el tributo
dando al campo porvenir

VIOLENCIA DE GÉNERO

De esa mujer…
De amor fueron las caricias
hoy del tiempo son traición
escondida entre promesas
dando tregua a las sospechas
cegando su corazón

Esa mujer
escurre paciente el bulto
desoyendo consecuencias
que han de traicionar su culto

Siendo experta en la materia
disfraza las experiencias
de los afilados puños
enmudeciendo secuencias
dándole al dolor augurios
al maltratador, conciencia

Inculca en la esperanza paciencia
entre los miedos las huellas
buscando en su cuerpo desnudo
la realidad en los bulos
que maceran la tragedia

No des al dolor tus vivencias
ni tu libertad al perdón
siendo del presente esclava
huye buscando el mañana
disfrutando tu valor

LA MENTE

La mente arma letal
sin poderla controlar
se adorna con el gatillo
buscando en el hueco herido
refugio incondicional

Esa mente singular
despertando los sentidos
sin valorar el instinto
abierta a la capacidad
donde cada cual
utiliza en sus principios
sin valorar los perjuicios
ni en el despecho cambiar
obsesión por ecuanimidad
los odios por el cariño
los valores para recordar
como somos, lo que fuimos

DISTANCIA OBLIGADA

Recuérdame con los ojos cerrados
escucha la sensación de mis latidos
descubre con el instinto
las huellas que fui marcando
en busca de nuestro sino
recorriendo ese camino
que el tiempo le dio al pasado

Mírame con los ojos cerrados
camina con los sentidos
al pensamiento abrazados
paso a paso, suspiro a suspiro
escrutando los míos
del recuerdo confinados

Es tu vida el eslabón
en mi cadena trazado
camina hacia mí amor mío
en tu oscuridad avanzando
cualquier día el resplandor
será el testigo soñado

PUBERTAD

Destetada pubertad
acechando los sentidos
siega que pechos henchidos
sembraron de libertad

Proyectos por confirmar
al desvelo aún prendidos
del riesgo comparten nido
hasta aprender a volar

Erguidos en la enramada
fruto del árbol vivido
talan sensatos indicios
que desmientan su verdad

Destetada pubertad
de su inocencia cautivos
surgen mamando prejuicios
formando personalidad

Siendo reclamo causal
del asfalto extrovertido
donde no hay mejor amigo
que su propia integridad

NIÑOS

Pura, trascendental
la vivencia del niño
con los escollos prendidos
a la inocencia, al calor

Desmamado, incomprensivo
ruegan padres en su inicio
poder seguir avanzando
sus sonrisas son agrado
con sus llantos, los desvelos
aprende sin ser conciso
en eventos, fascinados

Argumentos controlados
despertarán sus sentidos
ignorando compromisos
que hacen realidad los años

Ese tiempo desmarcado
de hábitos inconexos
y su imprecisa razón
que esculpirá de mayor
con experiencia y favor
desde su infancia
alcanzados

HASTA LUEGO

Como cada día
se fue…
¡Hasta luego!

Con su infiel sonrisa
fingida

En ese luego busqué el
te quiero que traía
de otra pasión escondida
de otro hasta luego
que mi premonición
con la esperanza
envolvía

Y vacía, tan vacía
esperando ese hasta luego
fuera hasta nunca
en su día

Una infidelidad
esculpida
de hasta luego
un adiós,
una entrega mal nacida

¿APRENDEMOS A VIVIR?

Al transcurrir de la vida
¿Aprendemos a vivir?

Somos materia
autómatas de los sentidos
del tiempo cautivos
poseídos por la brega

¿Aprendemos a vivir
en esa trena sin tino
dejando por el camino
los derechos y principios
guiándolos a sucumbir?

Nos enseñan a servir
esos poderes sin tregua
donde la carencia entrega
fidelidad sin sentir

¿Aprendemos a vivir?
¿Llegaremos a adquirir
del pasado las prebendas
por nuestro esfuerzo brindar
alforjas al porvenir?

EL LIBRO DE LA VIDA

Qué lectura da al nacer
siendo el prólogo ignorado
encabezado a vivir
con el epílogo en blanco
argumentando un sinfín
de capítulos versados

Un relato sin perfil
del sucumbir esclavos

Cada página, un pasado
sin lectura el porvenir
al autor deja eclipsado
el editor cuestionando
¿Es tan difícil vivir?

El tiempo firmará por ti
enigmáticos relatos

COLLAR DE PERLAS

Somos perlas engarzadas
al hilo del tiempo
deslizadas por el hueco
horadado en la existencia

Perlas blancas, perlas negras
enfilados infortunios
entre antagónicos nudos
confrontando convivencias

Vivas perlas descarnadas
por el poder manejadas
desafiando al engaño
las ínfulas nacaradas

Una tras otra lanzada
hacia un devenir marcado
entretejiendo el derecho
las fibras manipuladas

Collar orbe de conciencias
enhebrados estamentos
bonanzas o detrimentos
del mismo broche
misántropo…cuelgan

NO EXISTE LA RAZÓN

¿Qué nos pasa?
Si es la daga la traición
es cómplice del valor
y con el desamor se abrazan

¿Qué nos pasa?
Si una bala es la razón
al compartir el dolor
del gatillo sin palabras

¿Qué nos pasa?
Latiéndonos el corazón
dando al morbo su función
imágenes acostumbradas

¿Qué pasará?
Salpicados de extorsión
si no prende la razón
lo que en su haber escapa

VIAJE DE IDA

Inicia la vida
en las entrañas
dando al ser
el don de poder nacer
para ofrecer el alma…

Y sigue la vida
ignorando por qué
el tiempo le hará saber
los azares que origina

Entre ellos la porfía
sumisión, envejecer
en su viaje de ida

Alientos del momento inspiran
a una conquista esquiva
incierta a pertenecer
a un destino que al nacer
en nuestro haber
fue prescrita

¿SABEMOS LO QUE ES EL AMOR?

¿Sabe el arpa lo que siente
lanzando su melodía al viento?

¿Sabe el viento que recibe
si no ha vivido su encuentro?

Arpa y viento son la clave
del amor sin comprenderlo
aunque está el entendimiento
la sensación ignorante
nunca sabrá que el amor
no se explica, pero sabe
ignorando como nace
su pericia, su ocasión

Sin él volveremos a retroceder
siendo alimañas salvajes

LA FLOR

Rosa, gardenia, geranio,
ninfea, jazmín, clavel…
imposible serles infiel
dando a tantísima especie
valor

La metáfora no puede
dar concepto a cada flor

En sus raíces esconde
nombre, beneficios, perfume
hermosa vida en su especie
dando a la primavera color
de su néctar atrayente
buscan abejas su miel
el polen para extender
en la tierra su misión

Pétalos rojos ofrecen
sus embrujos al amor

JOVENCITA

No sé, todavía no sé
lo que es el amor
sí, pero sí sé
cuando tú me miras
siento la porfía
por volverte a ver

No sé, todavía no sé
si esto es amor
o solo ilusión
cuando estás tan cerca
las rodillas tiemblan
al ritmo del corazón

Ya sé lo que siento
ansiando ese beso,
mi primer beso

Me enseñaste amar
hoy te diré te quiero
abrazados me dirás
para saberlo todo…
hay tiempo

EL MALTRATADOR

¿Que obliga al sentimiento
cuando ausente la cordura
borra del conocimiento
las zarpas de la locura?

¿Qué le place al que designa
con sus actos la premura
de acabar con los destinos
dejando el propio en la escoria?

Demoledora razón
conducida al desvarío
sin ofrecerle al sentido
los valores que en su día
albergaron la traición

LA TORMENTA

Nubes cruzando los cielos
llevando en su negro manto
lágrimas de su dolor
viendo al oscuro horizonte
llevarse en su raso vientre
los resplandores del sol

Nubes deslizando flecos
de intensos llantos formados
buscando en surcos ahogados
el control de su berrinche
lanzando flechas de fuego
despertando los estruendos
que la oscuridad envuelve

Rompen aguas sus placeres
pariendo calma en los prados
dando a la distancia, el manto,
al resplandor sus poderes

SIRENA

Sal de entre las aguas
de tu mar serena
deja que te admire
mi hermosa sirena
vestida de espuma blanca
tu faz hechizada

Ahoga en tus melodías
este amor que sufre
la ausencia amada

Lleva tu mortífera casta
al dolor que ruge
en mi mirada
perdida en la penumbra
que el deseo alcanza

deja que mueran mis ansias
con el placer que inspira
tan dolorosa hazaña

AVARICIA

Dinero
hucha de la avaricia
sostén de inconformidad
¿Pasión o necesidad?

Sensaciones sin frontera,
almas de papel fugaz
donde al engaño le brindan
buscando la felicidad,
de los valores se olvidan
por necesidad, se dan
sin bolsillos la moneda
buscará entre la maleza
un hueco a la austeridad

SIN ELEGIR

Sin elegir vientre
somos procedentes
de un incierto destino
dependiendo del azar

¿Dónde crecerán
las paridas materias
sin haber elegido
quién, dónde, subsistencia?
Perteneciendo al lugar
de opulencias o pobreza

Al engendrar
no hay preguntas
solo una causa
si pudieran incluir
al proceso conveniencias

HUIDA

Puede que aún me estés amando
no te guardes la porfía
devuelve lo que te has llevado
mi sueño, tu compasión
olvido de mis alegrías

No es mucho peso querida
pudiste con la despedida
si cabe en mi corazón
que llevaste distraída

Cuando lo traigas sabré
si se murió de dolor
o vive sin poder saber
que te fuiste siendo mía

SI PUDIERA

Si pudiera
despertar los sueños
dando a la realidad
otro aspecto

Si pudiera
desvergüenzas desnudar
la decadencia acicalar
su trayecto

Si pudiera
los vacíos ocupar
buscando la dignidad
en los recovecos

Si pudiera
al corcho de la humanidad
clavar la capacidad
que se llevó el tiempo

POR QUÉ

Por qué...
expresión encarcelada
en el abismo inconsciente,
obligada a enmudecer

Por qué la vida
por qué la muerte
por qué el presente
con una solvencia inerte

¿Por qué se le llama vida
a una obligada inquina
por el esfuerzo obediente
hacia un camino de bridas
con la incógnita prendida
al último adiós ausente?

LA EXISTENCIA

No sabemos si vivir
es fugaz permanencia
del tiempo es el corazón
acompañando la espera

Se despierta el porvenir
si la esperanza lo aprueba
abrigando la ilusión
entre los linos que sueñan

Los recuerdos del vivir
la realidad representan
si mañana nos da el fin
no podremos discutir
esta verdad sin certeza

CAMBIO CLIMÁTICO

¡Qué cielo! ¡Qué sol! ¡Qué luna!
aunque los vista la bruma
en la mirada se esconden
majestuosas beldades
al desnudar su esplendor

De sus entrañas nació
la vida que nos contempla
enarbolando el tesón
que noche y día nos juzga

Somos lo que nos alumbra
no perdamos la razón,
si la fidelidad es mutua
no le neguemos ayuda
ni dejemos que descubra
por intereses traición

CELOS

Son los celos alianza
del sentimiento humillado
buscando en su fuero interno
la raíz que fue labrando
su felicidad ultrajada

El presente se destapa
libando del corazón la llaga
vive los sueños ahogando
su suerte como un náufrago
perdiendo la bocanada
gritan sus celos al viento
viendo zarpar su barca

FALSA SINCERIDAD

La sinceridad es manifiesto
heredada del pasado,
hoy margina su labor
dando a la patraña aspectos
a la conveniencia, esplendor

Siendo de la integridad, fiasco
de la inocencia, sablazo
manda usura a tomar viento
del morral de su adversario

MALA YERBA

Despierta la yerba,
mala yerba
escudriñando siembras
entre resuellos contempla
el sudor que lleva a cuestas
resignado labrador

Maldita yerba,
mala yerba
acechos de luna
pasto del sol
brozas que envenenan
heridas del labrador

EL PODER DEL AMOR

Qué poder tiene el amor
al sentimiento abrazado
rompiéndonos el corazón
nublándonos la razón
siendo al fin de su poder
esclavos

REENCARNACIÓN

Se desnudará el alma
en el último suspiro
de su fiel testigo
vestimenta corpórea
elevando ese destino
hacia un fantasmal equilibrio
que al desconocimiento condena

Deducciones, experiencias fon-
dean
en el consciente abstraído
pensando si el más allá
será un volver a vivirlo

MANANTIAL

Brotan del manantial sus aguas
dando imagen a las rocas
a sus cauces añoranzas
por yacer su nacimiento
con sombras en su morada

Su transparente hermosura
al acantilado abraza
en la tierra va preñando
los vergeles con sus charcas
con la sed benevolencia
de sus conquistas esclava

HABLA EL CORAZÓN DEL HUÉRFANO

Nací entre las sombras
del recuerdo
ausentes crecieron
buscando en la vida
la imagen concebida
de ausencias sin remedio

Sentidos sin texto
en vivencias gélidas
anhelando en sueños
el calor desnudo
de una realidad perdida
en los azares del tiempo

ESTAMOS EBRIOS

Ebrios de circunstancias
sumisos a la realidad
ofreciéndonos paciencia
con falta de libertad

Somos alumnos del miedo
proyectos de incapacidad

Resolver es solo tiempo
si el ciprés nos da lugar

INQUIETAS MARIPOSAS

¿Qué es el amor?
si los sueños
del corazón desvela
dejando en tinieblas
la consciencia
sin dueño
al deseo condición

Inquietas mariposas
libando esencias
del sentimiento
la sensación
dando al tiempo
sus vuelos prendidos
al viento de la ilusión

Es el amor

VIENE EL AMOR

Sin aviso, inesperado
anhelando ese regazo
en el que viven los sueños
y los deseos forjados

INFINITO

Desentrañar
la muerte
¿Desentrañarla?

Conducimos la mirada
hacia el infinito
donde el sentido
mudo, espectral
busca en el abismo
la razón del compromiso
con la inerte realidad

MIRADA AUSENTE

Esa mirada ausente
llevando los sentidos
hacia el infinito
escudriñando el ayer
con el amor que se fue
de la infidelidad testigo

La mirada ausente
despierta la mente
abrazada al olvido

VIVIMOS

¿Nos damos cuenta
qué es vivir?

Metidos en una burbuja
doliente, insegura
sin poder salir

Afanados en la siembra
del quehacer, en busca
de ese aliento hostil
donde el poder computa
si el esfuerzo es permuta
con su ansiado devenir

¿Nos damos cuenta
qué es vivir?
Viendo el amanecer
a oscuras
el crepúsculo en la locura
de esos vástagos sin culpa
soñando su porvenir

MALLORCA

Una tierra deshojando
los principios del ayer
dejándolos en el poder
del presente inmaculado

En su historia estoy versada
de su Estado plasmaré
fidelidad en mi relato

Sus olivos centenarios,
almendros dando al vergel
la flor de su inmejorable grano

Legan ciencia elaborando
los manjares del ayer
vigentes para complacer
al paladar más preciado

Fructuoso mar despertando
sus playas de arena y miel,
de espuma blanca firmando
retazos de su poder

Contemplarlo es un placer
ver turquesas verberando
bajo un sol enamorado
dándole a esa tierra el ser

Con sus beldades crecer…
parecer que estás soñando

S'ÀNIMA DE L'AMOR

Eix amor trucant sentits
ensemble tenir d'es cor
els desitjos controlats
atrapant-los per a un fi:
alegria,decepció,
respecte,infidelitat;
per mor d'ell, hem de patir
ofegats amb sensacions.
Sense veurer-lo,sense escol-
tar-lo,
surt com es vent de la mar
arrasant els nostros destís.
Mai pourá sa nostra raó
sa seva ànima aturar
visquent per a compartir
sigui com sigui l'amor

FAR

Sa seva mirada escodrinyant
s'abraçada de mar
il.luminant es perill,
confiat en sa esvelta realitat
dispersant es colorits
que donen pau al navegant

BAIXEM

Amaneixem cada dia
amb la sortida del sol
ficant-mos damunt sa vida
embarcats sense raó
dins un món a la deriva,
cap a sa fosca que podria
ofegar-mos per traïció

ELS PADRINS DEL VENT

Aferrats a la vida
com els cipresos al vent,
embolicant pensaments de ter-
ra i sabidoria
amb un llaç desfet de temps
que haurá de fer companyia
a eixa fusta encara viva
dels roïssos de ciprés

Estas últimas poesías son un homenaje a Mallorca y a su gente, por la acogida y cariño que durante años nos ha brindado.

Hago una mención especial a mi querida amiga Cati Torres.

ÍNDICE